365 예수님과
동행하는 매일 일기

[제   권]

시작한 날 :   년   월   일

마 친 날 :   년   월   일

365 예수님과 동행하는 매일 일기

초판 3쇄 2024년 7월 23일

발행인 : 황경자
펴낸곳 : 도서출판 두돌비
주 소 : 서울시 중랑구 동일로 107길 12
전 화 : 02-964-6993
팩 스 : 02-2208-0153
등 록 : 2006.08.017 제 2006-12호
E-mail : 153books@hanmail.net

ISBN 978-89-85583-30-5

■ 잘못된 책은 구입하신 곳에서 바꿔드립니다.

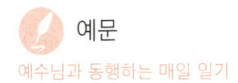 **예문**
예수님과 동행하는 매일 일기

2024 년 1 월 1 일

복 있는 사람은, 오직 여호와의 율법을 즐거워하여 그의 율법을 주야로 묵상하는도다 (시 1:1,2)

새해의 첫 날을 정동진에서 맞이한다.

해마다 늘 새로운 마음으로 시작했지만 용두사미...

올해는 그렇지 않으리라 다짐해 보며 주님 앞에 새힘을 달라고

간구해 본다.

2023년 한 해를 주님과 동행하기 위해 1년 간의 플랜을 짜야

겠다.

올 한 해는 주님과 동행하는 한 해가 되도록 더 많은 시간을 기

도와 말씀에 집중할 수 있기를 결단해 본다.

그래서 100일 새벽기도와 말씀 읽기를 시작해 봐야겠다.

 하루 일과 메모

해돋이 다녀옴(정동진). 신년예배 참석. 100일 기도 결단

예수님과 동행하는 매일 일기   년   월   일

복 있는 사람은, 오직 여호와의 율법을 즐거워하여 그의 율법을 주야로 묵상하는도다 (시 1:1,2)

 하루 일과 메모

예수님과 동행하는 매일 일기

년   월   일

무릇 의인들의 길은 여호와께서 인정하시나 악인들의 길은 망하리로다 (시 1:6)

 하루 일괴 메모

예수님과 동행하는 매일 일기   년   월   일

내게 구하라 내가 이방 나라를 네 유업으로 주리니 네 소유가 땅 끝까지 이르리로다 (시 2:8)

 하루 일과 메모

예수님과 동행하는 매일 일기

년　　월　　일

여호와여 주는 나의 방패시요 나의 영광이시요 나의 머리를 드시는 자이시니이다 (시 3:3)

 하루 일과 메모

 예수님과 동행하는 매일 일기   년   월   일

내가 평안히 눕고 자기도 하리니 나를 안전히 살게 하시는 이는 오직 여호와이시니이다 (시 4:8)

 하루 일과 메모

예수님과 동행하는 매일 일기   년   월   일

여호와여 주는 의인에게 복을 주시고 방패로 함 같이 은혜로 그를 호위하시리이다 (시 5:12)

 하루 일과 메모

예수님과 동행하는 매일 일기   년   월   일

여호와께서 내 간구를 들으셨음이여 여호와께서 내 기도를 받으시리로다 (시 6:9)

 하루 일과 메모

예수님과 동행하는 매일 일기 년   월   일

나의 방패는 마음이 정직한 자를 구원하시는 하나님께 있도다 (시 7:10)

 하루 일과 메모

예수님과 동행하는 매일 일기   년   월   일

내가 여호와께 그의 의를 따라 감사함이여 지존하신 여호와의 이름을 찬양하리로다 (시 7:17)

 하루 일과 메모

예수님과 동행하는 매일 일기

년　　월　　일

여호와 우리 주여 주의 이름이 온 땅에 어찌 그리 아름다운지요 (시 8:9)

하루 일과 메모

예수님과 동행하는 매일 일기   년   월   일

내가 전심으로 여호와께 감사하오며 주의 모든 기이한 일들을 전하리이다 (시 9:1)

 하루 일과 메모

예수님과 동행하는 매일 일기   년   월   일

여호와는 의로우사 의로운 일을 좋아하시나니 정직한 자는 그의 얼굴을 뵈오리로다 (시 11:7)

 하루 일과 메모

예수님과 동행하는 매일 일기 년 월 일

여호와의 말씀은 순결함이여 흙 도가니에 일곱 번 단련한 은 같도다 (시 12:6)

 하루 일과 메모

예수님과 동행하는 매일 일기 　　　　　　　　　　　년　　　　월　　　　일

내가 여호와를 찬송하리니 이는 주께서 내게 은덕을 베푸심이로다 (시 13:6)

 하루 일과 메모

예수님과 동행하는 매일 일기   년   월   일

하나님이여 나를 지켜 주소서 내가 주께 피하나이다 (시 16:1)

 하루 일과 메모

예수님과 동행하는 매일 일기   년   월   일

땅에 있는 성도들은 존귀한 자들이니 나의 모든 즐거움이 그들에게 있도다 (시 16:3)

 하루 일과 메모

예수님과 동행하는 매일 일기　　　　　　　　　　　년　　　월　　　일

여호와는 나의 산업과 나의 잔의 소득이시니 나의 분깃을 지키시나이다 (시 16:5)

 하루 일과 메모

예수님과 동행하는 매일 일기

년　　월　　일

나의 걸음이 주의 길을 굳게 지키고 실족하지 아니하였나이다 (시 17:5)

 하루 일과 메모

예수님과 동행하는 매일 일기　　　　　　　　　　년　　월　　일

나는 의로운 중에 주의 얼굴을 뵈오리니 깰 때에 주의 형상으로 만족하리이다 (시 17:15)

 하루 일과 메모

예수님과 동행하는 매일 일기　　　　　　　　　년　　　월　　　일

여호와는 나의 반석이시요 나의 요새시요 나를 건지시는 이시요 나의 하나님이시요 (시 18:2 상)

 하루 일과 메모

예수님과 동행하는 매일 일기 　　　　　　　　　　　년　　　월　　　일

여호와께서 내 의를 따라 상 주시며 내 손의 깨끗함을 따라 내게 갚으셨으니 (시 18:20)

 하루 일과 메모

예수님과 동행하는 매일 일기　　　　　　　　　년　　월　　일

여호와여 내 입의 말과 마음의 묵상이 주님 앞에 열납되기를 원하나이다 (시 19:14)

하루 일과 메모

예수님과 동행하는 매일 일기   년   월   일

네 마음의 소원대로 허락하시고 네 모든 계획을 이루어 주시기를 원하노라 (시 20:4)

 하루 일과 메모

예수님과 동행하는 매일 일기

년   월   일

여호와여 멀리 하지 마옵소서 나의 힘이시여 속히 나를 도우소서 (시 22:19)

 하루 일과 메모

예수님과 동행하는 매일 일기 년   월   일

여호와는 나의 목자시니 내게 부족함이 없으리로다 (시 23:1)

....

....

....

....

....

....

....

....

....

....

....

....

 하루 일과 메모

예수님과 동행하는 매일 일기   년   월   일

내 영혼을 소생시키시고 자기 이름을 위하여 의의 길로 인도하시는도다 (시 23:3)

 하루 일과 메모

예수님과 동행하는 매일 일기 　　　　　　　　　　년　　월　　일

내 평생에 선하심과 인자하심이 반드시 나를 따르리니 내가 여호와의 집에 영원히 살리로다 (시 23:6)

 하루 일과 메모

예수님과 동행하는 매일 일기   년   월   일

여호와여 주의 도를 내게 보이시고 주의 길을 내게 가르치소서 (시 25:4)

 하루 일과 메모

예수님과 동행하는 매일 일기   년   월   일

내 영혼을 지켜 나를 구원하소서 내가 주께 피하오니 수치를 당하지 않게 하소서 (시 25:20)

 하루 일과 메모

예수님과 동행하는 매일 일기   년   월   일

여호와여 내가 주께서 계신 집과 주의 영광이 머무는 곳을 사랑하오니 (시 26:8)

 하루 일과 메모

예수님과 동행하는 매일 일기 년 월 일

여호와는 나의 빛이요 나의 구원이시니 내가 누구를 두려워하리요 (시 27:1 상)

 하루 일과 메모

예수님과 동행하는 매일 일기   년   월   일

여호와는 나의 힘과 나의 방패이시니 내 마음이 그를 의지하여 도움을 얻었도다 (시 28:7 상)

 하루 일과 메모

예수님과 동행하는 매일 일기   년   월   일

여호와께서 자기 백성에게 힘을 주심이여 (시 29:11 상)

 하루 일과 메모

예수님과 동행하는 매일 일기   년   월   일

여호와 내 하나님이여 내가 주께 부르짖으매 나를 고치셨나이다 (시 30:2)

 하루 일과 메모

예수님과 동행하는 매일 일기   년   월   일

주께서 나의 슬픔이 변하여 내게 춤이 되게 하시며 기쁨으로 띠 띠우셨나이다 (시 30:11)

 하루 일과 메모

예수님과 동행하는 매일 일기

년   월   일

여호와여 내가 고통 중에 있사오니 내게 은혜를 베푸소서 (시 31:9 상)

 하루 일과 메모

예수님과 동행하는 매일 일기   년   월   일

주는 나의 은신처이오니 환난에서 나를 보호하시고 구원의 노래로 나를 두르시리이다 (시 32:7)

 하루 일과 메모

예수님과 동행하는 매일 일기 　　　　　　　년　　　월　　　일

여호와를 자기 하나님으로 삼은 나라 곧 하나님의 기업으로 선택된 백성은 복이 있도다 (시 33:12)

 하루 일과 메모

예수님과 동행하는 매일 일기

년   월   일

내가 여호와를 항상 송축함이여 내 입술로 항상 주를 찬양하리이다 (시 34:1)

 하루 일과 메모

예수님과 동행하는 매일 일기   년   월   일

여호와는 마음이 상한 자를 가까이 하시고 충심으로 통회하는 자를 구원하시는도다 (시 34:18)

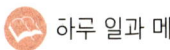 하루 일과 메모

예수님과 동행하는 매일 일기   년   월   일

내 영혼이 여호와를 즐거워함이여 그의 구원을 기뻐하리로다 (시 35:9)

 하루 일과 메모

예수님과 동행하는 매일 일기   년   월   일

나의 혀가 주의 의를 말하며 종일토록 주를 찬송하리이다 (시 35:28)

 하루 일과 메모

예수님과 동행하는 매일 일기 　　　　　　　　　년　　월　　일

하나님이여 주의 인자하심이 어찌 그리 보배로우신지요 (시 36:7 상)

 하루 일과 메모

예수님과 동행하는 매일 일기   년   월   일

여호와를 기뻐하라 그가 네 마음의 소원을 네게 이루어 주시리로다 (시 37:4)

....

....

....

....

....

....

....

....

....

....

....

....

 하루 일과 메모

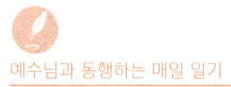

년   월   일

분을 그치고 노를 버리며 불평하지 말라 오히려 악을 만들 뿐이라 (시 37:8)

 하루 일과 메모

예수님과 동행하는 매일 일기

년 월 일

그의 마음에는 하나님의 법이 있으니 그의 걸음은 실족함이 없으리로다 (시 37:31)

 하루 일과 메모

 예수님과 동행하는 매일 일기

년   월   일

여호와여 내가 주를 바랐사오니 내 주 하나님이 내게 응답하시리이다 (시 38:15)

 하루 일과 메모

예수님과 동행하는 매일 일기   년   월   일

주여 이제 내가 무엇을 바라리요 나의 소망은 주께 있나이다 (시 39:7)

 하루 일과 메모

 예수님과 동행하는 매일 일기

년   월   일

내가 여호와를 기다리고 기다렸더니 귀를 기울이사 나의 부르짖음을 들으셨도다 (시 40:1)

 하루 일과 메모

예수님과 동행하는 매일 일기

년   월   일

여호와여 주의 긍휼을 내게서 거두지 마시고 주의 인자와 진리로 나를 항상 보호하소서 (시 40:11)

하루 일과 메모

예수님과 동행하는 매일 일기   년   월   일

가난한 자를 보살피는 자에게 복이 있음이여 재앙의 날에 여호와께서 그를 건지시리로다 (시 41:1)

 하루 일과 메모

예수님과 동행하는 매일 일기　　　　　　　　　　년　　　월　　　일

하나님이여 사슴이 시냇물을 찾기에 갈급함 같이 내 영혼이 주를 찾기에 갈급하니이다 (시 42:1)

 하루 일과 메모

예수님과 동행하는 매일 일기   년   월   일

네가 어찌하여 낙심하며 어찌하여 내 속에서 불안해 하는가 너는 하나님께 소망을 두라 (시 42:5)

 하루 일과 메모

예수님과 동행하는 매일 일기   년   월   일

우리가 종일 하나님을 자랑하였나이다 우리는 하나님의 이름에 영원히 감사하리이다 (시 44:8)

 하루 일과 메모

예수님과 동행하는 매일 일기 년   월   일

하나님이여 주의 보좌는 영원하며 주의 나라의 규는 공평한 규이니이다 (시 45:6)

하루 일과 메모

년   월   일

하나님은 우리의 피난처시요 힘이시니 환난 중에 만날 큰 도움이시라 (시 46:1)

 하루 일과 메모

예수님과 동행하는 매일 일기   년   월   일

찬송하라 하나님을 찬송하라 찬송하라 우리 왕을 찬송하라 (시 47:6)

 하루 일과 메모

예수님과 동행하는 매일 일기

년   월   일

하나님은 영원히 우리 하나님이시니 그가 우리를 죽을 때까지 인도하시리로다 (시 48:14)

 하루 일고 메모

예수님과 동행하는 매일 일기 　　　　　　　　　년　　월　　일

존귀하나 깨닫지 못하는 사람은 멸망하는 짐승 같도다 (시 49:20)

 하루 일과 메모

예수님과 동행하는 매일 일기   년   월   일

환난 날에 나를 부르라 내가 너를 건지리니 네가 나를 영화롭게 하리로다 (시 50:15)

 하루 일과 메모

예수님과 동행하는 매일 일기

년   월   일

감사로 제사를 드리는 자가 나를 영화롭게 하나니 (시 50:23 상)

 하루 일과 메모

 년   월   일

하나님이여 내 속에 정한 마음을 창조하시고 내 안에 정직한 영을 새롭게 하소서 (시 51:10)

 하루 일과 메모

예수님과 동행하는 매일 일기   년   월   일

주여 내 입술을 열어 주소서 내 입이 주를 찬송하여 전파하리이다 (시 51:15)

 하루 일과 메모

예수님과 동행하는 매일 일기   년   월   일

간사한 혀여 너는 남을 해치는 모든 말을 좋아하는도다 (시 52:4)

하루 일과 메모

예수님과 동행하는 매일 일기 　　　　　　　　년　　월　　일

주의 이름이 선하시므로 주의 성도 앞에서 내가 주의 이름을 사모하리이다 (시 52:9 하)

 하루 일과 메모

예수님과 동행하는 매일 일기

년   월   일

어리석은 자는 그의 마음에 이르기를 하나님이 없다 하도다 (시 53:1)

 하루 일과 메모

예수님과 동행하는 매일 일기   년   월   일

하늘에서 인생을 굽어살피사 지각이 있는 자와 하나님을 찾는 자가 있는가 보려 하신즉(시 53:2)

 하루 일과 메모

예수님과 동행하는 매일 일기   년   월   일

하나님이여 주의 이름으로 나를 구원하시고 주의 힘으로 나를 변호하소서 (시 54:1)

 하루 일과 메모

예수님과 동행하는 매일 일기   년   월   일

하나님이여 내 기도를 들으시며 내 입의 말에 귀를 기울이소서 (시 54:2)

 하루 일과 메모

예수님과 동행하는 매일 일기

년   월   일

하나님은 나를 돕는 이시며 주께서는 내 생명을 붙들어 주시는 이시니이다 (시 54:4)

하루 일과 메모

예수님과 동행하는 매일 일기 년 월 일

참으로 주께서는 모든 환난에서 나를 건지시고 (시 54:7 상)

 하루 일과 메모

 예수님과 동행하는 매일 일기

년   월   일

하나님이여 내 기도에 귀를 기울이시고 내가 간구할 때에 숨지 마소서 (시 55:1)

 하루 일과 메모

예수님과 동행하는 매일 일기   년   월   일

내가 나의 피난처로 속히 가서 폭풍과 광풍을 피하리라 하였도다 (시 55:8)

 하루 일과 메모

예수님과 동행하는 매일 일기　　　　　　　　　년　　월　　일

나는 하나님께 부르짖으리니 여호와께서 나를 구원하시리로다 (시 55:16)

 하루 일과 메모

예수님과 동행하는 매일 일기   년   월   일

저녁과 아침과 정오에 내가 근심하여 탄식하리니 여호와께서 내 소리를 들으시리로다 (시 55:17)

 하루 일과 메모

예수님과 동행하는 매일 일기　　　　　　　　년　　월　　일

네 짐을 여호와께 맡기라 그가 너를 붙드시고 의인의 요동함을 영원히 허락하지 아니하시리로다 (시 55:22)

 하루 일과 메모

예수님과 동행하는 매일 일기   년   월   일

하나님이여 내게 은혜를 베푸소서 사람이 나를 삼키려고 종일 치며 압제하나이다 (시 56:1)

．．

．．

．．

．．

．．

．．

．．

．．

．．

．．

．．

 하루 일과 메모

예수님과 동행하는 매일 일기   년   월   일

내가 하나님을 의지하고 그 말씀을 찬송하올지라 (시 56:4 상)

 하루 일과 메모

예수님과 동행하는 매일 일기 년   월   일

내가 하나님을 의지하여 그의 말씀을 찬송하며 여호와를 의지하여 그의 말씀을 찬송하리이다 (시 56:10)

 하루 일과 메모

예수님과 동행하는 매일 일기　　　　　　　년　　월　　일

내가 하나님을 의지하였은즉 두려워하지 아니하리니 사람이 내게 어찌하리이까 (시 56:11)

 하루 일과 메모

예수님과 동행하는 매일 일기   년   월   일

주께서 내 생명을 사망에서 건지셨음이라 (시 56:13 상)

 하루 일과 메모

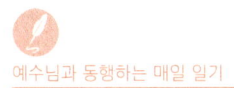 예수님과 동행하는 매일 일기

년   월   일

하나님이여 내게 은혜를 베푸소서 내게 은혜를 베푸소서 (시 57:1 상)

 히루 일과 메모

예수님과 동행하는 매일 일기   년   월   일

내가 지존하신 하나님께 부르짖음이여 곧 나를 위하여 모든 것을 이루시는 하나님께로다 (시 57:2)

 하루 일과 메모

예수님과 동행하는 매일 일기

년   월   일

하나님이여 주는 하늘 위에 높이 들리시며 주의 영광이 온 세계 위에 높아지기를 원하나이다 (시 57:5)

하루 일과 메모

예수님과 동행하는 매일 일기   년   월   일

내 마음이 확정되었사오니 내가 노래하고 내가 찬송하리이다 (시 57:7 하)

 하루 일과 메모

예수님과 동행하는 매일 일기   년   월   일

주여 내가 만민 중에서 주께 감사하오며 뭇 나라 중에서 주를 찬송하리이다 (시 57:9)

 하루 일과 메모

예수님과 동행하는 매일 일기   년   월   일

무릇 주의 인자는 커서 하늘에 미치고 주의 진리는 궁창에 이르나이다 (시 57:10)

 하루 일과 메모

예수님과 동행하는 매일 일기   년   월   일

의인이 악인의 보복 당함을 보고 기뻐함이여 그의 발을 악인의 피에 씻으리로다 (시 58:10)

 하루 일괴 메모

예수님과 동행하는 매일 일기   년   월   일

나의 하나님이여 나의 원수에게서 나를 건지시고 일어나 치려는 자에게서 나를 높이 드소서 (시 59:1)

 하루 일과 메모

예수님과 동행하는 매일 일기   년   월   일

하나님은 나의 요새이시니 그의 힘으로 말미암아 내가 주를 바라리이다 (시 59:9)

 하루 일과 메모

예수님과 동행하는 매일 일기   년   월   일

나는 주의 힘을 노래하며 아침에 주의 인자하심을 높이 부르오리니 (시 59:16)

 하루 일과 메모

예수님과 동행하는 매일 일기   년   월   일

주를 경외하는 자에게 깃발을 주시고 진리를 위하여 달게 하셨나이다 (시 60:4)

 하루 일과 메모

예수님과 동행하는 매일 일기

년　　월　　일

주께서 사랑하시는 자를 건지시기 위하여 주의 오른손으로 구원하시고 응답하소서 (시 60:5)

 하루 일과 메모

예수님과 동행하는 매일 일기

년   월   일

하나님이여 나의 부르짖음을 들으시며 내 기도에 유의하소서 (시 61:1)

 하루 일과 메모

예수님과 동행하는 매일 일기

년   월   일

내가 영원히 주의 장막에 머물며 내가 주의 날개 아래로 피하리이다 (시 61:4)

하루 일과 메모

예수님과 동행하는 매일 일기

년   월   일

주의 이름을 경외하는 자가 얻을 기업을 내게 주셨나이다 (시 61:5 하)

하루 일과 메모

예수님과 동행하는 매일 일기   년   월   일

나의 영혼이 잠잠히 하나님만 바람이여 나의 구원이 그에게서 나오는도다 (시 62:1)

 하루 일과 메모

예수님과 동행하는 매일 일기

년   월   일

나의 영혼아 잠잠히 하나님만 바라라 무릇 나의 소망이 그로부터 나오는도다 (시 62:5)

하루 일과 메모

예수님과 동행하는 매일 일기　　　　　　　년　　월　　일

오직 그만이 나의 반석이시요 나의 구원이시요 나의 요새이시니 내가 흔들리지 아니하리로다 (시 62:6)

 하루 일과 메모

예수님과 동행하는 매일 일기　　　　　　　　　년　　월　　일

나의 구원과 영광이 하나님께 있음이여 내 힘의 반석과 피난처도 하나님께 있도다 (시 62:7)

 하루 일과 메모

예수님과 동행하는 매일 일기

년   월   일

탈취한 것으로 허망하여지지 말며 재물이 늘어도 거기에 마음을 두지 말지어다 (시 62:10 하)

 하루 일과 메모

예수님과 동행하는 매일 일기   년   월   일

주여 인자함은 주께 속하오니 주께서 각 사람이 행한 대로 갚으심이니이다 (시 62:12)

 하루 일과 메모

예수님과 동행하는 매일 일기

년   월   일

내가 간절히 주를 찾되 물이 없어 마르고 황폐한 땅에서 내 영혼이 주를 갈망하며 (시 63:1 중)

 하루 일과 메모

예수님과 동행하는 매일 일기   년   월   일

주의 인자하심이 생명보다 나으므로 내 입술이 주를 찬양할 것이라 (시 63:3)

하루 일과 메모

예수님과 동행하는 매일. 일기   년   월   일

나의 평생에 주를 송축하며 주의 이름으로 말미암아 나의 손을 들리이다 (시 63:4)

 하루 일과 메모

년   월   일

내가 나의 침상에서 주를 기억하며 새벽에 주의 말씀을 작은 소리로 읊조릴 때에 하오리니 (시 63:6)

 하루 일과 메모

예수님과 동행하는 매일 일기 　　　　　　　　　　년　　　월　　　일

나의 영혼이 주를 가까이 따르니 주의 오른손이 나를 붙드시거니와 (시 63:8)

 하루 일과 메모

예수님과 동행하는 매일 일기 　　　　　　　　　년　　　월　　　일

하나님이여 내가 근심하는 소리를 들으시고 원수의 두려움에서 나의 생명을 보존하소서 (시 64:1)

하루 일과 메모

예수님과 동행하는 매일 일기 년   월   일

의인은 여호와로 말미암아 즐거워하며 그에게 피하리니 마음이 정직한 자는 다 자랑하리로다 (시 64:10)

 하루 일과 메모

예수님과 동행하는 매일 일기   년   월   일

죄악이 나를 이겼사오니 우리의 허물을 주께서 사하시리이다 (시 65:3)

 하루 일과 메모

예수님과 동행하는 매일 일기   년   월   일

주께서 택하시고 가까이 오게 하사 주의 뜰에 살게 하신 사람은 복이 있나이다 (시 65:4 상)

 하루 일과 메모

예수님과 동행하는 매일 일기

년   월   일

주의 은택으로 한 해를 관 씌우시니 주의 길에는 기름 방울이 떨어지며 (시 65:11)

 하루 일과 메모

예수님과 동행하는 매일 일기

년　　월　　일

그의 이름의 영광을 찬양하고 영화롭게 찬송할지어다 (시 66:2)

 하루 일과 메모

예수님과 동행하는 매일 일기

년   월   일

그는 우리 영혼을 살려 두시고 우리의 실족함을 허락하지 아니하시는 주시로다 (시 66:9)

 하루 일과 메모

예수님과 동행하는 매일 일기   년   월   일

주께서 우리를 시험하시되 우리를 단련하시기를 은을 단련함 같이 하셨으며 (시 66:10)

 하루 일과 메모

예수님과 동행하는 매일 일기   년   월   일

하나님이 실로 들으셨음이여 내 기도 소리에 귀를 기울이셨도다 (시 66:19)

 하루 일과 메모

예수님과 동행하는 매일 일기   년   월   일

그가 내 기도를 물리치지 아니하시고 그의 인자하심을 내게서 거두지도 아니하셨도다 (시 66:20)

 하루 일과 메모

예수님과 동행하는 매일 일기   년   월   일

하나님은 우리에게 은혜를 베푸사 복을 주시고 그의 얼굴 빛을 우리에게 비추사 (시 67:1)

하루 일과 메모

예수님과 동행하는 매일 일기   년   월   일

땅이 그의 소산을 내어 주었으니 하나님 곧 우리 하나님이 우리에게 복을 주시리로다 (시 67:6)

 하루 일과 메모

예수님과 동행하는 매일 일기

년   월   일

하나님이 우리에게 복을 주시리니 땅의 모든 끝이 하나님을 경외하리로다 (시 67:7)

하루 일과 메모

예수님과 동행하는 매일 일기   년   월   일

주께서 흡족한 비를 보내사 주의 기업이 곤핍할 때에 주께서 그것을 견고하게 하셨고(시 68:9)

하루 일과 메모

예수님과 동행하는 매일 일기   년   월   일

하나님의 병거는 천천이요 만만이라 주께서 그 중에 계심이 시내 산 성소에 계심 같도다 (시 68:17)

 하루 일과 메모

예수님과 동행하는 매일 일기   년   월   일

날마다 우리 짐을 지시는 주 곧 우리의 구원이신 하나님을 찬송할지로다 (시 68:19)

 하루 일과 메모

예수님과 동행하는 매일 일기   년   월   일

하나님이여 우리를 위하여 행하신 것을 견고하게 하소서 (시 68:28 하)

 하루 일괴 메모

예수님과 동행하는 매일 일기

년   월   일

하나님은 그의 백성에게 힘과 능력을 주시나니 하나님을 찬송할지어다 (시 68:35 하)

하루 일과 메모

예수님과 동행하는 매일 일기

년   월   일

나의 하나님을 바라서 나의 눈이 쇠하였나이다 (시 69:3 하)

 히루 일과 메모

예수님과 동행하는 매일 일기   년   월   일

하나님이여 주는 나의 우매함을 아시오니 나의 죄가 주 앞에서 숨김이 없나이다 (시 69:5)

 하루 일과 메모

예수님과 동행하는 매일 일기   년   월   일

하나님이여 많은 인자와 구원의 진리로 내게 응답하소서 (시 69:13)

 히루 일괴 메모

예수님과 동행하는 매일 일기   년   월   일

나를 수렁에서 건지사 빠지지 말게 하시고 (시 69:14 상)

....

....

....

....

....

....

....

....

....

....

....

....

 하루 일과 메모

예수님과 동행하는 매일 일기   년   월   일

주의 얼굴을 주의 종에게서 숨기지 마소서 내가 환난 중에 있사오니 속히 내게 응답하소서 (시 69:17)

 하루 일과 메모

예수님과 동행하는 매일 일기 　　　　　　　　　　년　　　월　　　일

내가 노래로 하나님의 이름을 찬송하며 감사함으로 하나님을 위대하시다 하리니 (시 69:30)

 하루 일과 메모

 예수님과 동행하는 매일 일기

　　　　　　　　　　　　　　　　　　　　년　　　월　　　일

천지가 그를 찬송할 것이요 바다와 그 중의 모든 생물도 그리할지로다 (시 69:34)

 하루 일과 메모

예수님과 동행하는 매일 일기   년   월   일

주를 찾는 모든 자들이 주로 말미암아 기뻐하고 즐거워하게 하시며 (시 70:4 상)

 하루 일과 메모

예수님과 동행하는 매일 일기 　　　　　　　　　년　　월　　일

주는 나의 도움이시요 나를 건지시는 이시오니 여호와여 지체하지 마소서 (시 70:5 하)

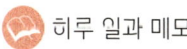 히루 일과 메모

예수님과 동행하는 매일 일기   년   월   일

여호와여 내가 주께 피하오니 내가 영원히 수치를 당하게 하지 마소서 (시 71:1)

 하루 일과 메모

예수님과 동행하는 매일 일기

년   월   일

주의 의로 나를 건지시며 나를 풀어 주시며 주의 귀를 내게 기울이사 나를 구원하소서 (시 71:2)

 하루 일괴 메모

예수님과 동행하는 매일 일기

년   월   일

주 여호와여 주는 나의 소망이시요 내가 어릴 때부터 신뢰한 이시라 (시 71:5)

 하루 일과 메모

예수님과 동행하는 매일 일기

년　　월　　일

주를 찬송함과 주께 영광 돌림이 종일토록 내 입에 가득하리이다 (시 71:8)

하루 일과 메모

예수님과 동행하는 매일 일기 　　　　　　　　　　　年　　月　　日

하나님이여 나를 멀리 하지 마소서 나의 하나님이여 속히 나를 도우소서 (시 71:12)

 하루 일과 메모

예수님과 동행하는 매일 일기   년   월   일

나는 항상 소망을 품고 주를 더욱더욱 찬송하리이다 (시 71:14)

 하루 일과 메모

예수님과 동행하는 매일 일기   년   월   일

내가 측량할 수 없는 주의 공의와 구원을 내 입으로 종일 전하리이다 (시 71:15)

 하루 일과 메모

년   월   일

내가 주 여호와의 능하신 행적을 가지고 오겠사오며 주의 공의만 전하겠나이다 (시 71:16)

 하루 일과 메모

예수님과 동행하는 매일 일기   년   월   일

하나님이여 내가 늙어 백발이 될 때에도 나를 버리지 마시며 (시 71:18 상)

 하루 일과 메모

예수님과 동행하는 매일 일기

년   월   일

내가 주를 찬양할 때에 나의 입술이 기뻐 외치며 주께서 속량하신 내 영혼이 즐거워하리이다 (시 71:23)

 하루 일과 메모

예수님과 동행하는 매일 일기 　　　　　년　　　월　　　일

나의 혀도 종일토록 주의 의를 작은 소리로 읊조리오리니 (시 71:24 상)

 하루 일과 메모

예수님과 동행하는 매일 일기

년   월   일

하나님이여 주의 판단력을 왕에게 주시고 주의 공의를 왕의 아들에게 주소서 (시 72:1)

....

....

....

....

....

....

....

....

....

....

....

....

 히루 일과 메모

예수님과 동행하는 매일 일기 년   월   일

그는 벤 풀 위에 내리는 비 같이, 땅을 적시는 소낙비 같이 내리리니 (시 72:6)

 하루 일과 메모

예수님과 동행하는 매일 일기   년   월   일

그는 궁핍한 자가 부르짖을 때에 건지며 도움이 없는 가난한 자도 건지며 (시 72:12)

 하루 일과 메모

예수님과 동행하는 매일 일기   년   월   일

사람들이 그로 말미암아 복을 받으리니 모든 민족이 다 그를 복되다 하리로다 (시 72:17 하)

 하루 일과 메모

예수님과 동행하는 매일 일기　　　　　　　　　년　　월　　일

그 영화로운 이름을 영원히 찬송할지어다 온 땅에 그의 영광이 충만할지어다 아멘 아멘 (시 72:19)

 하루 일과 메모

예수님과 동행하는 매일 일기 년　　월　　일

하나님이 참으로 이스라엘 중 마음이 정결한 자에게 선을 행하시나 (시 73:1)

 하루 일과 메모

예수님과 동행하는 매일 일기　　　　　년　　월　　일

내가 내 마음을 깨끗하게 하며 내 손을 씻어 무죄하다 한 것이 실로 헛되도다 (시 73:13)

 하루 일과 메모

예수님과 동행하는 매일 일기   년   월   일

내가 항상 주와 함께 하니 주께서 내 오른손을 붙드셨나이다 (시 73:23)

 하루 일과 메모

예수님과 동행하는 매일 일기   년   월   일

내 육체와 마음은 쇠약하나 하나님은 내 마음의 반석이시요 영원한 분깃이시라 (시 73:26)

하루 일과 메모

예수님과 동행하는 매일 일기　　　　　　　　년　　월　　일

하나님께 가까이 함이 내게 복이라 (시 73:28 상)

 하루 일과 메모

예수님과 동행하는 매일 일기 년 월 일

하나님은 예로부터 나의 왕이시라 사람에게 구원을 베푸셨나이다 (시 74:12)

 히루 일과 메모

예수님과 동행하는 매일 일기   년   월   일

낮도 주의 것이요 밤도 주의 것이라 주께서 빛과 해를 마련하셨으며 (시 74:16)

 하루 일과 메모

예수님과 동행하는 매일 일기   년   월   일

하나님이여 우리가 주께 감사하고 감사함은 주의 이름이 가까움이라 (시 75:1 상)

 하루 일과 메모

예수님과 동행하는 매일 일기 년   월   일

너희 뿔을 높이 들지 말며 교만한 목으로 말하지 말지어다 (시 75:5)

하루 일과 메모

예수님과 동행하는 매일 일기

년 월 일

오직 재판장이신 하나님이 이를 낮추시고 저를 높이시느니라 (시 75:7)

 하루 일과 메모

예수님과 동행하는 매일 일기   년   월   일

나는 야곱의 하나님을 영원히 선포하며 찬양하며 (시 75:9)

하루 일과 메모

예수님과 동행하는 매일 일기

년   월   일

그의 장막은 살렘에 있음이여 그의 처소는 시온에 있도다 (시 76:2)

 히루 일과 메모

예수님과 동행하는 매일 일기 　　　　　년　　　월　　　일

너희는 여호와 너희 하나님께 서원하고 갚으라 (시 76:11)

 하루 일과 메모

예수님과 동행하는 매일 일기   년   월   일

내 음성으로 하나님께 부르짖으면 내게 귀를 기울이시리로다 (시 77:1 하)

 하루 일과 메모

예수님과 동행하는 매일 일기   년   월   일

나의 환난 날에 내가 주를 찾았으며 밤에는 내 손을 들고 거두지 아니하였나니 (시 77:2 상)

 하루 일과 메모

예수님과 동행하는 매일 일기

년　　월　　일

내가 옛날 곧 지나간 세월을 생각하였사오며 (시 77:5)

하루 일과 메모

 년   월   일

곧 여호와의 일들을 기억하며 주께서 옛적에 행하신 기이한 일을 기억하리이다 (시 77:11)

 하루 일과 메모

예수님과 동행하는 매일 일기

년   월   일

또 주의 모든 일을 작은 소리로 읊조리며 주의 행사를 낮은 소리로 되뇌이리이다 (시 77:12)

하루 일과 메모

예수님과 동행하는 매일 일기 　　　　　　　　　년　　　월　　　일

하나님이여 주의 도는 극히 거룩하시오니 하나님과 같이 위대하신 신이 누구오니이까 (시 77:13)

 하루 일과 메모

예수님과 동행하는 매일 일기

년   월   일

낮에는 구름으로, 밤에는 불빛으로 인도하셨으며 (시 78:14)

 하루 일과 메모

예수님과 동행하는 매일 일기 　년　　월　　일

그들에게 만나를 비 같이 내려 먹이시며 하늘 양식을 그들에게 주셨나니 (시 78:24)

 하루 일과 메모

예수님과 동행하는 매일 일기   년   월   일

오직 하나님은 긍휼하시므로 죄악을 덮어 주시어 멸망시키지 아니하시고 (시 78:38)

 하루 일과 메모

예수님과 동행하는 매일 일기   년   월   일

그가 자기 백성은 양 같이 인도하여 내시고 광야에서 양 떼 같이 지도하셨도다 (시 78:52)

 하루 일과 메모

 예수님과 동행하는 매일 일기

년   월   일

우리 조상들의 죄악을 기억하지 마시고 주의 긍휼로 우리를 속히 영접하소서 (시 79:8 상)

 하루 일과 메모

예수님과 동행하는 매일 일기   년   월   일

우리는 주의 백성이요 주의 목장의 양이니 우리는 영원히 주께 감사하며 (시 79:13 상)

 하루 일과 메모

예수님과 동행하는 매일 일기   년   월   일

하나님이여 우리를 돌이키시고 주의 얼굴빛을 비추사 우리가 구원을 얻게 하소서 (시 80:3)

 하루 일과 메모

예수님과 동행하는 매일 일기   년   월   일

우리를 회복하여 주시고 주의 얼굴의 광채를 비추사 우리가 구원을 얻게 하소서 (시 80:7)

 하루 일과 메모

년   월   일

만군의 하나님 여호와여 우리를 돌이켜 주시고 주의 얼굴의 광채를 우리에게 비추소서 (시 80:19)

 하루 일과 메모

예수님과 동행하는 매일 일기   년   월   일

너를 애굽 땅에서 인도하여 낸 여호와 네 하나님이니 네 입을 크게 열라 내가 채우리라 (시 81:10)

 하루 일과 메모

 예수님과 동행하는 매일 일기

년   월   일

내가 기름진 밀을 그들에게 먹이며 반석에서 나오는 꿀로 너를 만족하게 하리라 (시 81:16)

 하루 일과 메모

예수님과 동행하는 매일 일기   년   월   일

하나님이여 침묵하지 마소서 하나님이여 잠잠하지 마시고 조용하지 마소서 (시 83:1)

 하루 일과 메모

예수님과 동행하는 매일 일기 년 월 일

여호와라 이름하신 주만 온 세계의 지존자로 알게 하소서 (시 83:18)

 하루 일과 메모

예수님과 동행하는 매일 일기

년   월   일

만군의 여호와여 주의 장막이 어찌 그리 사랑스러운지요 (시 84:1)

 하루 일과 메모

예수님과 동행하는 매일 일기   년   월   일

주의 집에 사는 자들은 복이 있나니 그들이 항상 주를 찬송하리이다 (시 84:4)

 하루 일과 메모

예수님과 동행하는 매일 일기   년   월   일

주께 힘을 얻고 그 마음에 시온의 대로가 있는 자는 복이 있나이다 (시 84:5)

 하루 일과 메모

예수님과 동행하는 매일 일기   년   월   일

우리 방패이신 하나님이여 주께서 기름 부으신 자의 얼굴을 살펴 보옵소서 (시 84:9)

 하루 일과 메모

예수님과 동행하는 매일 일기   년   월   일

악인의 장막에 사는 것보다 내 하나님의 성전 문지기로 있는 것이 좋사오니 (시 84:10 하)

 하루 일과 메모

예수님과 동행하는 매일 일기   년   월   일

만군의 여호와여 주께 의지하는 자는 복이 있나이다 (시 84:12)

 하루 일과 메모

예수님과 동행하는 매일 일기 년 월 일

주의 백성의 죄악을 사하시고 그들의 모든 죄를 덮으셨나이다 (시 85:2)

 하루 일과 메모

예수님과 동행하는 매일 일기   년   월   일

여호와여 주의 인자하심을 우리에게 보이시며 주의 구원을 우리에게 주소서 (시 85:7)

 하루 일과 메모

예수님과 동행하는 매일 일기   년   월   일

여호와께서 좋은 것을 주시리니 우리 땅이 그 산물을 내리로다 (시 85:12)

 하루 일과 메모

예수님과 동행하는 매일 일기   년   월   일

여호와여 나는 가난하고 궁핍하오니 주의 귀를 기울여 내게 응답하소서 (시 86:1)

 하루 일과 메모

예수님과 동행하는 매일 일기　　　　　　　　　년　　월　　일

주여 내게 은혜를 베푸소서 내가 종일 주께 부르짖나이다 (시 86:3)

....

....

....

....

....

....

....

....

....

....

....

....

 하루 일과 메모

예수님과 동행하는 매일 일기

년   월   일

주여 내 영혼이 주를 우러러보오니 주여 내 영혼을 기쁘게 하소서 (시 86:4)

 하루 일과 메모

 예수님과 동행하는 매일 일기

년   월   일

여호와여 나의 기도에 귀를 기울이시고 내가 간구하는 소리를 들으소서 (시 86:6)

 하루 일과 메모

예수님과 동행하는 매일 일기   년   월   일

나의 환난 날에 내가 주께 부르짖으리니 주께서 내게 응답하시리이다 (시 86:7)

 하루 일과 메모

예수님과 동행하는 매일 일기   년   월   일

여호와여 주의 도를 내게 가르치소서 내가 주의 진리에 행하오리니 (시 86:11 상)

 하루 일과 메모

예수님과 동행하는 매일 일기

년   월   일

주 나의 하나님이여 내가 전심으로 주를 찬송하고 영원토록 주의 이름에 영광을 돌리오리니 (시 86:12)

하루 일과 메모

예수님과 동행하는 매일 일기 년   월   일

주는 은혜를 베푸시며 노하기를 더디하시며 인자와 진실이 풍성하신 하나님이시오니 (시 86:15)

 하루 일과 메모

예수님과 동행하는 매일 일기   년   월   일

내게로 돌이키사 내게 은혜를 베푸소서 (시 86:16)

 하루 일과 메모

예수님과 동행하는 매일 일기

년   월   일

하나님의 성이여 너를 가리켜 영광스럽다 말하는도다 (시 87:3)

 하루 일과 메모

예수님과 동행하는 매일 일기   년   월   일

여호와 내 구원의 하나님이여 내가 주야로 주 앞에서 부르짖었사오니 (시 88:1)

 하루 일과 메모

예수님과 동행하는 매일 일기   년   월   일

나의 기도가 주 앞에 이르게 하시며 나의 부르짖음에 주의 귀를 기울여 주소서 (시 88:2)

 하루 일과 메모

예수님과 동행하는 매일 일기 　　　　　　　　　년　　　월　　　일

여호와여 오직 내가 주께 부르짖었사오니 아침에 나의 기도가 주의 앞에 이르리이다 (시 88:13)

 하루 일과 메모

예수님과 동행하는 매일 일기   년   월   일

내가 여호와의 인자하심을 영원히 노래하며 주의 성실하심을 내 입으로 대대에 알게 하리이다 (시 89:1)

 하루 일과 메모

예수님과 동행하는 매일 일기

년　　월　　일

여호와 만군의 하나님이여 주와 같이 능력 있는 이가 누구리이까 (시 89:8 상)

 하루 일과 메모

 예수님과 동행하는 매일 일기   년   월   일

주의 팔에 능력이 있사오며 주의 손은 강하고 주의 오른손은 높이 들리우셨나이다 (시 89:13)

 하루 일과 메모

예수님과 동행하는 매일 일기   년   월   일

나의 성실함과 인자함이 그와 함께 하리니 내 이름으로 말미암아 그의 뿔이 높아지리로다 (시 89:24)

 하루 일과 메모

 예수님과 동행하는 매일 일기   년   월   일

주는 나의 아버지시요 나의 하나님이시요 나의 구원의 바위시라 (시 89:26)

 하루 일과 메모

예수님과 동행하는 매일 일기   년   월   일

여호와를 영원히 찬송할지어다 아멘 아멘 (시 89:52)

 하루 일과 메모

예수님과 동행하는 매일 일기   년   월   일

주여 주는 대대에 우리의 거처가 되셨나이다 (시 90:1)

 하루 일과 메모

예수님과 동행하는 매일 일기   년   월   일

주의 목전에는 천 년이 지나간 어제 같으며 밤의 한 순간 같을 뿐임이니이다 (시 90:4)

 하루 일과 메모

예수님과 동행하는 매일 일기

년   월   일

풀은 아침에 꽃이 피어 자라다가 저녁에는 시들어 마르나이다 (시 90:6)

 하루 일과 메모

예수님과 동행하는 매일 일기   년   월   일

우리의 연수가 칠십이요 강건하면 팔십이라도 그 연수의 자랑은 수고와 슬픔뿐이요 (시 90:10 상)

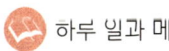 하부 일과 메모

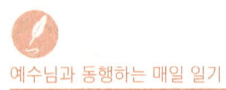 예수님과 동행하는 매일 일기   년   월   일

아침에 주의 인자하심이 우리를 만족하게 하사 우리를 일생 동안 즐겁고 기쁘게 하소서 (시 90:14)

 하루 일과 메모

예수님과 동행하는 매일 일기

년　　월　　일

주께서 행하신 일을 주의 종들에게 나타내시며 주의 영광을 그들의 자손에게 나타내소서 (시 90:16)

하루 일과 메모

예수님과 동행하는 매일 일기 　　　　　년　　월　　일

지존자의 은밀한 곳에 거주하며 전능자의 그늘 아래에 사는 자여 (시 91:1)

하루 일과 메모

예수님과 동행하는 매일 일기

년   월   일

그는 나의 피난처요 나의 요새요 내가 의뢰하는 하나님이라 하리니 (시 91:2 하)

 하루 일과 메모

예수님과 동행하는 매일 일기

년   월   일

그가 너를 그의 깃으로 덮으시리니 네가 그의 날개 아래에 피하리로다 (시 91:4 상)

 하루 일과 메모

예수님과 동행하는 매일 일기   년   월   일

천 명이 네 왼쪽에서, 만 명이 네 오른쪽에서 엎드러지나 이 재앙이 네게 가까이 하지 못하리로다 (시 91:7)

하루 일과 메모

예수님과 동행하는 매일 일기   년   월   일

네가 말하기를 여호와는 나의 피난처시라 하고 지존자를 너의 거처로 삼았으므로 (시 91:9)

 하루 일과 메모

예수님과 동행하는 매일 일기   년   월   일

그가 나를 사랑한즉 내가 그를 건지리라 그가 내 이름을 안즉 내가 그를 높이리라 (시 91:14 하)

 하루 일과 메모

예수님과 동행하는 매일 일기   년   월   일

환난 당할 때에 내가 그와 함께 하여 그를 건지고 영화롭게 하리라 (시 91:15 하)

 하루 일과 메모

년   월   일

여호와여 주께서 행하신 일로 나를 기쁘게 하셨으니 (시 92:4 상)

 하루 일과 메모

 예수님과 동행하는 매일 일기   년   월   일

여호와여 주께서 행하신 일이 어찌 그리 크신지요 주의 생각이 매우 깊으시니이다 (시 92:5)

 하루 일과 메모

예수님과 동행하는 매일 일기

년　　월　　일

여호와여 주는 영원토록 지존하시니이다 (시 92:8)

하루 일과 메모

예수님과 동행하는 매일 일기   년   월   일

주께서 내 뿔을 들소의 뿔 같이 높이셨으며 내게 신선한 기름을 부으셨나이다 (시 92:10)

 하루 일과 메모

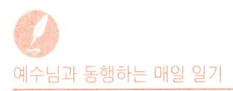 예수님과 동행하는 매일 일기   년   월   일

의인은 종려나무 같이 번성하며 레바논의 백향목 같이 성장하리로다 (시 92:12)

 하루 일과 메모

예수님과 동행하는 매일 일기

년   월   일

주의 보좌는 예로부터 견고히 섰으며 주는 영원부터 계셨나이다 (시 93:2)

 하루 일과 메모

예수님과 동행하는 매일 일기 년 월 일

높이 계신 여호와의 능력은 많은 물 소리와 바다의 큰 파도보다 크니이다 (시 93:4)

 하루 일과 메모

예수님과 동행하는 매일 일기   년   월   일

여호와께서는 사람의 생각이 허무함을 아시느니라 (시 94:11)

 하루 일과 메모

예수님과 동행하는 매일 일기   년   월   일

여호와께서는 자기 백성을 버리지 아니하시며 자기의 소유를 외면하지 아니하시리로다 (시 94:14)

 하루 일과 메모

예수님과 동행하는 매일 일기 　　　　　　　　　년　　월　　일

여호와께서 내게 도움이 되지 아니하셨더면 내 영혼이 벌써 침묵 속에 잠겼으리로다 (시 94:17)

....
....
....
....
....
....
....
....
....
....
....
....

 하루 일과 메모

예수님과 동행하는 매일 일기   년   월   일

내 속에 근심이 많을 때에 주의 위안이 내 영혼을 즐겁게 하시나이다 (시 94:19)

하루 일과 메모

예수님과 동행하는 매일 일기　　　　　　　　　　년　　　월　　　일

여호와는 나의 요새이시요 나의 하나님은 내가 피할 반석이시라 (시 94:22)

 하루 일과 메모

예수님과 동행하는 매일 일기   년   월   일

오라 우리가 여호와께 노래하며 우리의 구원의 반석을 향하여 즐거이 외치자 (시 95:1)

 하루 일과 메모

예수님과 동행하는 매일 일기 | 년　　월　　일

우리가 감사함으로 그 앞에 나아가며 시를 지어 즐거이 그를 노래하자 (시 95:2)

 하루 일과 메모

예수님과 동행하는 매일 일기

년   월   일

오라 우리가 굽혀 경배하며 우리를 지으신 여호와 앞에 무릎을 꿇자 (시 95:6)

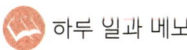 하루 일과 메모

예수님과 동행하는 매일 일기

년   월   일

여호와께 노래하여 그의 이름을 송축하며 그의 구원을 날마다 전파할지어다 (시 96:2)

하루 일과 메모

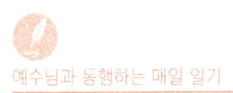

년   월   일

존귀와 위엄이 그의 앞에 있으며 능력과 아름다움이 그의 성소에 있도다 (시 96:6)

 하루 일과 메모

예수님과 동행하는 매일 일기

년   월   일

아름답고 거룩한 것으로 여호와께 예배할지어다 온 땅이여 그 앞에서 떨지어다 (시 96:9)

 하루 일과 메모

예수님과 동행하는 매일 일기

년   월   일

하늘이 그의 의를 선포하니 모든 백성이 그의 영광을 보았도다 (시 97:6)

 히루 일과 메모

예수님과 동행하는 매일 일기

년　　월　　일

여호와여 주는 온 땅 위에 지존하시고 모든 신들보다 위에 계시니이다 (시 97:9)

 하루 일과 메모

예수님과 동행하는 매일 일기

년   월   일

의인을 위하여 빛을 뿌리고 마음이 정직한 자를 위하여 기쁨을 뿌리시는도다 (시 97:11)

 하루 일과 메모

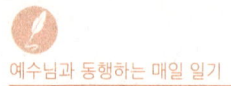 년　　월　　일

온 땅이여 여호와께 즐거이 소리칠지어다 소리 내어 즐겁게 노래하며 찬송할지어다 (시 98:4)

 하루 일과 메모

예수님과 동행하는 매일 일기

년 월 일

수금으로 여호와를 노래하라 수금과 음성으로 노래할지어다 (시 98:5)

 하루 일과 메모

예수님과 동행하는 매일 일기   년   월   일

시온에 계시는 여호와는 위대하시고 모든 민족보다 높으시도다 (시 99:2)

 하루 일과 메모

예수님과 동행하는 매일 일기

년   월   일

주의 크고 두려운 이름을 찬송할지니 그는 거룩하심이로다 (시 99:3)

하루 일과 메모

예수님과 동행하는 매일 일기   년   월   일

너희는 여호와 우리 하나님을 높여 그의 발등상 앞에서 경배할지어다 (시 99:5)

하루 일과 메모

예수님과 동행하는 매일 일기   년   월   일

너희는 여호와 우리 하나님을 높이고 그 성산에서 예배할지어다 (시 99:9)

 하루 일과 메모

예수님과 동행하는 매일 일기   년   월   일

온 땅이여 여호와께 즐거운 찬송을 부를지어다 (시 100:1)

 하루 일과 메모

예수님과 동행하는 매일 일기   년   월   일

기쁨으로 여호와를 섬기며 노래하면서 그의 앞에 나아갈지어다 (시 100:2)

 하루 일과 메모

예수님과 동행하는 매일 일기 　　　　　　　　　　　년　　　월　　　일

여호와가 우리 하나님이신 줄 너희는 알지어다 그는 우리를 지으신 이요 (시 100:3)

 하루 일과 메모

예수님과 동행하는 매일 일기

년   월   일

여호와는 선하시니 그의 인자하심이 영원하고 그의 성실하심이 대대에 이르리로다 (시 100:5)

 하루 일과 메모

예수님과 동행하는 매일 일기   년   월   일

내가 인자와 정의를 노래하겠나이다 여호와여 내가 주께 찬양하리이다 (시 101:1)

 하루 일과 메모

예수님과 동행하는 매일 일기   년   월   일

사악한 마음이 내게서 떠날 것이니 악한 일을 내가 알지 아니하리로다 (시 101:4)

 하루 일과 메모

예수님과 동행하는 매일 일기   년   월   일

여호와여 내 기도를 들으시고 나의 부르짖음을 주께 상달하게 하소서 (시 102:1)

 하루 일과 메모

예수님과 동행하는 매일 일기

년   월   일

주의 귀를 내게 기울이사 내가 부르짖는 날에 속히 내게 응답하소서 (시 102:2 하)

 하루 일과 메모

예수님과 동행하는 매일 일기　　　　　　　년　　월　　일

내 날이 기울어지는 그림자 같고 내가 풀의 시들어짐 같으니이다 (시 102:11)

 하루 일과 메모

예수님과 동행하는 매일 일기

년　　월　　일

주는 한결같으시고 주의 연대는 무궁하리이다 (시 102:27)

 하루 일과 메모

예수님과 동행하는 매일 일기 　　　　　　　　　　년　　　월　　　일

내 영혼아 여호와를 송축하며 그의 모든 은택을 잊지 말지어다 (시 103:2)

 하루 일과 메모

예수님과 동행하는 매일 일기   년   월   일

여호와는 긍휼이 많으시고 은혜로우시며 노하기를 더디 하시고 인자하심이 풍부하시도다 (시 103:8)

 하루 일과 메모

예수님과 동행하는 매일 일기   년   월   일

동이 서에서 먼 것 같이 우리의 죄과를 우리에게서 멀리 옮기셨으며 (시 103:12)

 하루 일과 메모

예수님과 동행하는 매일 일기   년   월   일

이는 그가 우리의 체질을 아시며 우리가 단지 먼지뿐임을 기억하심이로다 (시 103:14)

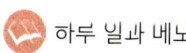
하루 일과 메모

예수님과 동행하는 매일 일기   년   월   일

인생은 그 날이 풀과 같으며 그 영화가 들의 꽃과 같도다 (시 103:15)

....

....

....

....

....

....

....

....

....

....

....

....

 하루 일과 메모

예수님과 동행하는 매일 일기   년   월   일

여호와의 인자하심은 자기를 경외하는 자에게 영원부터 영원까지 이르며 (시 103:17)

 하루 일과 메모

예수님과 동행하는 매일 일기   년   월   일

여호와께서 샘을 골짜기에서 솟아나게 하시고 산 사이에 흐르게 하사 (시 104:10)

 하루 일과 메모

예수님과 동행하는 매일 일기   년   월   일

내가 평생토록 여호와께 노래하며 내가 살아 있는 동안 내 하나님을 찬양하리로다 (시 104:33)

 하루 일과 메모

예수님과 동행하는 매일 일기 　　　　　　　　　년　　월　　일

나의 기도를 기쁘게 여기시기를 바라나니 나는 여호와로 말미암아 즐거워하리로다 (시 104:34)

 하루 일과 메모

예수님과 동행하는 매일 일기   년   월   일

그에게 노래하며 그를 찬양하며 그의 모든 기이한 일들을 말할지어다 (시 105:2)

 하루 일과 메모

예수님과 동행하는 매일 일기

년   월   일

그의 거룩한 이름을 자랑하라 여호와를 구하는 자들은 마음이 즐거울지다 (시 105:3)

 하루 일과 메모

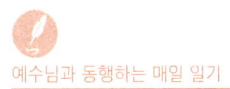
예수님과 동행하는 매일 일기

년   월   일

여호와와 그의 능력을 구할지어다 그의 얼굴을 항상 구할지어다 (시 105:4)

 하루 일과 메모

예수님과 동행하는 매일 일기   년   월   일

그는 여호와 우리 하나님이시라 그의 판단이 온 땅에 있도다 (시 105:7)

 하루 일과 메모

예수님과 동행하는 매일 일기   년   월   일

여호와께서 자기의 백성을 크게 번성하게 하사 그의 대적들보다 강하게 하셨으며 (시 105:24)

 하루 일과 메모

예수님과 동행하는 매일 일기   년   월   일

반석을 여신즉 물이 흘러나와 마른 땅에 강 같이 흘렀으니 (시 105:41)

 하루 일과 메모

예수님과 동행하는 매일 일기   년   월   일

할렐루야 여호와께 감사하라 그는 선하시며 그 인자하심이 영원함이로다 (시 106:1)

하루 일과 메모

예수님과 동행하는 매일 일기   년   월   일

정의를 지키는 자들과 항상 공의를 행하는 자는 복이 있도다 (시 106:3)

 하루 일과 메모

예수님과 동행하는 매일 일기   년   월   일

여호와여 주의 백성에게 베푸시는 은혜로 나를 기억하시며 주의 구원으로 나를 돌보사 (시 106:4)

 하루 일과 메모

예수님과 동행하는 매일 일기   년   월   일

여호와께서 그들의 부르짖음을 들으실 때에 그들의 고통을 돌보시며 (시 106:44)

 하루 일과 메모

예수님과 동행하는 매일 일기

년   월   일

여호와께 감사하라 그는 선하시며 그 인자하심이 영원함이로다 (시 107:1)

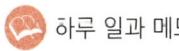 하루 일과 메모

예수님과 동행하는 매일 일기   년   월   일

사모하는 영혼에게 만족을 주시며 주린 영혼에게 좋은 것으로 채워주심이로다 (시 107:9)

 하루 일과 메모

예수님과 동행하는 매일 일기   년   월   일

감사제를 드리며 노래하여 그가 행하신 일을 선포할지로다 (시 107:22)

하루 일과 메모

예수님과 동행하는 매일 일기 　　　　　　　　　년　　　월　　　일

여호와의 인자하심과 인생에게 행하신 기적으로 말미암아 그를 찬송할지로다 (시 107:31)

 하루 일과 메모

예수님과 동행하는 매일 일기   년   월   일

또 복을 주사 그들이 크게 번성하게 하시고 (시 107:38 상)

하루 일과 메모

예수님과 동행하는 매일 일기   년   월   일

하나님이여 내 마음을 정하였사오니 내가 노래하며 나의 마음을 다하여 찬양하리로다 (시 108:1)

 하루 일과 메모

예수님과 동행하는 매일 일기

년   월   일

주의 인자하심이 하늘보다 높으시며 주의 진실은 궁창에까지 이르나이다 (시 108:4)

 하루 일과 메모

예수님과 동행하는 매일 일기   년   월   일

내가 찬양하는 하나님이여 잠잠하지 마옵소서 (시 109:1)

 하루 일과 메모

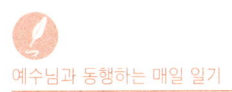

년   월   일

나는 사랑하나 그들은 도리어 나를 대적하니 나는 기도할 뿐이라 (시 109:4)

 하루 일과 메모

 예수님과 동행하는 매일 일기   년   월   일

여호와 나의 하나님이여 나를 도우시며 주의 인자하심을 따라 나를 구원하소서 (시 109:26)

 하루 일과 메모

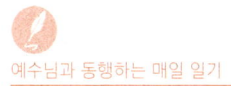 예수님과 동행하는 매일 일기

년   월   일

내가 입으로 여호와께 크게 감사하며 많은 사람 중에서 찬송하리니 (시 109:30)

 하루 일과 메모

예수님과 동행하는 매일 일기　　　　　　　　　　년　　월　　일

주의 권능의 날에 주의 백성이 거룩한 옷을 입고 즐거이 헌신하니 (시 110:3)

 하루 일과 메모

예수님과 동행하는 매일 일기   년   월   일

여호와께서 자기를 경외하는 자들에게 양식을 주시며 (시 111:5 상)

 하루 일과 메모

 예수님과 동행하는 매일 일기

년   월   일

여호와를 경외함이 지혜의 근본이라 그의 계명을 지키는 자는 다 훌륭한 지각을 가진 자이니 (시 111:10)

 하루 일과 메모

예수님과 동행하는 매일 일기　　　　　　　년　　　월　　　일

할렐루야, 여호와를 경외하며 그의 계명을 크게 즐거워하는 자는 복이 있도다 (시 112:1)

 하루 일과 메모

예수님과 동행하는 매일 일기   년   월   일

부와 재물이 그의 집에 있음이여 그의 공의가 영구히 서 있으리로다 (시 112:3)

 하루 일과 메모

예수님과 동행하는 매일 일기

년   월   일

그는 영원히 흔들리지 아니함이여 의인은 영원히 기억되리로다 (시 112:6)

 하루 일과 메모

예수님과 동행하는 매일 일기 　　　　　　　　　년　　월　　일

할렐루야, 여호와의 종들아 찬양하라 여호와의 이름을 찬양하라 (시 113:1)

 하루 일과 메모

예수님과 동행하는 매일 일기   년   월   일

해 돋는 데에서부터 해 지는 데에까지 여호와의 이름이 찬양을 받으시리로다 (시 113:3)

하루 일과 메모

예수님과 동행하는 매일 일기   년   월   일

너희는 여호와를 의지하여라 그는 너희의 도움이시요 너희의 방패시로다 (시 115:11)

 하루 일과 메모

 예수님과 동행하는 매일 일기   년   월   일

여호와께서 내 음성과 내 간구를 들으시므로 내가 그를 사랑하는도다 (시 116:1)

 하루 일과 메모

예수님과 동행하는 매일 일기   년   월   일

여호와는 은혜로우시며 의로우시며 우리 하나님은 긍휼이 많으시도다 (시 116:5)

 하루 일과 메모

예수님과 동행하는 매일 일기 년　月　일

주께서 내 영혼을 사망에서, 내 눈을 눈물에서, 내 발을 넘어짐에서 건지셨나이다 (시 116:8)

 하루 일과 메모

예수님과 동행하는 매일 일기   년   월   일

내게 주신 모든 은혜를 내가 여호와께 무엇으로 보답할까 (시 116:12)

 하루 일과 메모

예수님과 동행하는 매일 일기   년   월   일

우리에게 향하신 여호와의 인자하심이 크시고 여호와의 진실하심이 영원함이로다 (시 117:2)

 하루 일과 메모

예수님과 동행하는 매일 일기   년   월   일

여호와는 내 편이시라 내가 두려워하지 아니하리니 사람이 내게 어찌할까 (시 118:6)

 하루 일과 메모

예수님과 동행하는 매일 일기 년 월 일

여호와께 피하는 것이 사람을 신뢰하는 것보다 나으며 (시 118:8)

 하루 일과 메모

예수님과 동행하는 매일 일기   년   월   일

여호와는 나의 능력과 찬송이시요 또 나의 구원이 되셨도다 (시 118:14)

 하루 일과 메모

예수님과 동행하는 매일 일기   년   월   일

주께서 내게 응답하시고 나의 구원이 되셨으니 내가 주께 감사하리이다 (시 118:21)

 히루 일과 메모

예수님과 동행하는 매일 일기   년   월   일

여호와의 증거들을 지키고 전심으로 여호와를 구하는 자는 복이 있도다 (시 119:2)

 하루 일과 메모

예수님과 동행하는 매일 일기 　　　　　　　　　　년　　　월　　　일

내가 주께 범죄하지 아니하려 하여 주의 말씀을 내 마음에 두었나이다 (시 119:11)

 하루 일과 메모

예수님과 동행하는 매일 일기   년   월   일

내 눈을 열어서 주의 율법에서 놀라운 것을 보게 하소서 (시 119:18)

 하루 일과 메모

 예수님과 동행하는 매일 일기   년   월   일

고난 당한 것이 내게 유익이라 이로 말미암아 내가 주의 율례들을 배우게 되었나이다 (시 119:71)

 하루 일괴 메모

예수님과 동행하는 매일 일기

년   월   일

주의 말씀의 맛이 내게 어찌 그리 단지요 내 입에 꿀보다 더 다니이다 (시 119:103)

 하루 일과 메모

예수님과 동행하는 매일 일기   년   월   일

주의 말씀은 내 발에 등이요 내 길에 빛이니이다 (시 119:105)

 하루 일과 메모

예수님과 동행하는 매일 일기   년   월   일

주의 얼굴을 주의 종에게 비추시고 주의 율례로 나를 가르치소서 (시 119:135)

 하루 일과 메모

예수님과 동행하는 매일 일기   년   월   일

나의 고난을 보시고 나를 건지소서 내가 주의 율법을 잊지 아니함이니이다 (시 119:153)

 하루 일과 메모

 예수님과 동행하는 매일 일기   년   월   일

여호와여 내가 주의 구원을 바라며 주의 계명들을 행하였나이다 (시 119:166)

 하루 일과 메모

 예수님과 동행하는 매일 일기   년   월   일

내가 환난 중에 여호와께 부르짖었더니 내게 응답하셨도다 (시 120:1)

 하루 일과 메모

예수님과 동행하는 매일 일기   년   월   일

나의 도움은 천지를 지으신 여호와에게서로다 (시 121:2)

 하루 일과 메모

예수님과 동행하는 매일 일기 　　　　　　　　　　년　　　월　　　일

여호와께서 너를 실족하지 아니하게 하시며 너를 지키시는 이가 졸지 아니하시리로다 (시 121:3)

하루 일과 메모

예수님과 동행하는 매일 일기   년   월   일

여호와는 너를 지키시는 이시라 여호와께서 네 오른쪽에서 네 그늘이 되시나니 (시 121:5)

 하루 일과 메모

예수님과 동행하는 매일 일기 　　　　　　　　년　　　월　　　일

여호와께서 너를 지켜 모든 환난을 면하게 하시며 또 네 영혼을 지키시리로다 (시 121:7)

하루 일과 메모

 예수님과 동행하는 매일 일기

년   월   일

여호와께서 너의 출입을 지금부터 영원까지 지키시리로다 (시 121:8)

 하루 일과 메모

년   월   일

여호와 우리 하나님의 집을 위하여 내가 너를 위하여 복을 구하리로다 (시 122:9)

 하루 일과 메모

예수님과 동행하는 매일 일기   년   월   일

하늘에 계시는 주여 내가 눈을 들어 주께 향하나이다 (시 123:1)

 하루 일과 메모

예수님과 동행하는 매일 일기

년   월   일

우리의 도움은 천지를 지으신 여호와의 이름에 있도다 (시 124:8)

 하루 일과 메모

예수님과 동행하는 매일 일기   년   월   일

여호와를 의지하는 자는 시온 산이 흔들리지 아니하고 영원히 있음 같도다 (시 125:1)

 하루 일과 메모

예수님과 동행하는 매일 일기   년   월   일

울며 씨를 뿌리러 나가는 자는 반드시 기쁨으로 그 곡식 단을 가지고 돌아오리로다 (시 126:6)

 하루 일과 메모

예수님과 동행하는 매일 일기   년   월   일

여호와께서 집을 세우지 아니하시면 세우는 자의 수고가 헛되며 (시 127:1 상)

 하루 일과 메모

예수님과 동행하는 매일 일기

년   월   일

여호와께서 그의 사랑하시는 자에게는 잠을 주시는도다 (시 127:2 하)

 하루 일과 메모

예수님과 동행하는 매일 일기   년   월   일

여호와를 경외하며 그의 길을 걷는 자마다 복이 있도다 (시 128:1)

하루 일과 메모

예수님과 동행하는 매일 일기   년   월   일

네가 네 손이 수고한 대로 먹을 것이라 네가 복되고 형통하리로다 (시 128:2)

 하루 일과 메모

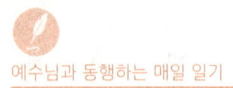 예수님과 동행하는 매일 일기

년   월   일

여호와를 경외하는 자는 이같이 복을 얻으리로다 (시 128:4)

 하루 일과 메모

예수님과 동행하는 매일 일기   년   월   일

여호와여 내가 깊은 곳에서 주께 부르짖었나이다 (시 130:1)

 하루 일과 메모

예수님과 동행하는 매일 일기

년　　월　　일

나 곧 내 영혼은 여호와를 기다리며 나는 주의 말씀을 바라는도다 (시 130:5)

 하루 일과 메모

예수님과 동행하는 매일 일기

년   월   일

파수꾼이 아침을 기다림보다 내 영혼이 주를 더 기다리나니 (시 130:6 상)

 하루 일과 메모

예수님과 동행하는 매일 일기 년 월 일

여호와여 내 마음이 교만하지 아니하고 내 눈이 오만하지 아니하오며 (시 131:1 상)

 하루 일과 메모

예수님과 동행하는 매일 일기   년   월   일

우리가 그의 계신 곳으로 들어가서 그의 발등상 앞에서 엎드려 예배하리로다 (시 132:7)

 하루 일과 메모

예수님과 동행하는 매일 일기　　　　　　　　　년　　월　　일

천지를 지으신 여호와께서 시온에서 네게 복을 주실지어다 (시 134:3)

 하루 일과 메모

예수님과 동행하는 매일 일기   년   월   일

내가 알거니와 여호와께서는 위대하시며 우리 주는 모든 신들보다 위대하시도다 (시 135:5)

 하루 일과 메모

예수님과 동행하는 매일 일기   년   월   일

여호와께 감사하라 그는 선하시며 그 인자하심이 영원함이로다 (시 136:1)

 하루 일과 메모

예수님과 동행하는 매일 일기 　　　년　　　월　　　일

우리의 대적에게서 건지신 이에게 감사하라 그 인자하심이 영원함이로다 (시 136:24)

하루 일과 메모

예수님과 동행하는 매일 일기   년   월   일

내가 간구하는 날에 주께서 응답하시고 내 영혼에 힘을 주어 나를 강하게 하셨나이다 (시 138:3)

 하루 일과 메모

예수님과 동행하는 매일 일기

년   월   일

주께서 내가 앉고 일어섬을 아시고 멀리서도 나의 생각을 밝히 아시오며 (시 139:2)

하루 일과 메모

 년   월   일

여호와여 내 혀의 말을 알지 못하시는 것이 하나도 없으시니이다 (시 139:4)

 하루 일과 메모

년   월   일

내가 주의 영을 떠나 어디로 가며 주의 앞에서 어디로 피하리이까 (시 139:7)

 하루 일과 메모

예수님과 동행하는 매일 일기   년   월   일

여호와여 악인에게서 나를 건지시며 포악한 자에게서 나를 보전하소서 (시 140:1)

 하루 일과 메모

예수님과 동행하는 매일 일기   년   월   일

주는 나의 하나님이시니 여호와여 나의 간구하는 소리에 귀를 기울이소서 (시 140:6)

 하루 일과 메모

예수님과 동행하는 매일 일기   년   월   일

여호와여, 내가 주께 부르짖을 때에 내 음성에 귀를 기울이소서 (시 141:1)

 하루 일과 메모

예수님과 동행하는 매일 일기   년   월   일

여호와여 내 입에 파수꾼을 세우시고 내 입술의 문을 지키소서 (시 141:3)

 하루 일과 메모

 예수님과 동행하는 매일 일기

년   월   일

내가 소리 내어 여호와께 부르짖으며 소리 내어 여호와께 간구하는도다 (시 142:1)

 하루 일과 메모

예수님과 동행하는 매일 일기　　　　　　　년　　　월　　　일

여호와여 내 기도를 들으시며 내 간구에 귀를 기울이시고 주의 진실과 의로 내게 응답하소서 (시 143:1)

하루 일과 메모

예수님과 동행하는 매일 일기   년   월   일

주를 향하여 손을 펴고 내 영혼이 마른 땅 같이 주를 사모하나이다 (시 143:6)

 하루 일과 메모

예수님과 동행하는 매일 일기   년   월   일

주는 나의 하나님이시니 나를 가르쳐 주의 뜻을 행하게 하소서 (시 143:10 상)

 하루 일과 메모

예수님과 동행하는 매일 일기

년   월   일

사람이 무엇이기에 주께서 그를 알아 주시며 인생이 무엇이기에 그를 생각하시나이까 (시 144:3)

 하루 일과 메모

예수님과 동행하는 매일 일기   년   월   일

이러한 백성은 복이 있나니 여호와를 자기 하나님으로 삼는 백성은 복이 있도다 (시 144:15)

 하루 일과 메모

예수님과 동행하는 매일 일기   년   월   일

내가 날마다 주를 송축하며 영원히 주의 이름을 송축하리이다 (시 145:2)

 하루 일과 메모

년   월   일

여호와께서 자기를 사랑하는 자들은 다 보호하시고 악인들은 다 멸하시리로다 (시 145:20)

 하루 일과 메모

예수님과 동행하는 매일 일기 　　　　　　　　　년　　　월　　　일

나의 생전에 여호와를 찬양하며 나의 평생에 내 하나님을 찬송하리로다 (시 146:2)

 하루 일과 메모

예수님과 동행하는 매일 일기   년   월   일

여호와 자기 하나님에게 자기의 소망을 두는 자는 복이 있도다 (시 146:5 하)

 하루 일과 메모

예수님과 동행하는 매일 일기   년   월   일

감사함으로 여호와께 노래하며 수금으로 하나님께 찬양할지어다 (시 147:7)

 하루 일과 메모

예수님과 동행하는 매일 일기   년   월   일

여호와는 자기를 경외하는 자들과 그의 인자하심을 바라는 자들을 기뻐하시는도다 (시 147:11)

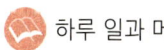 하루 일과 메모

 예수님과 동행하는 매일 일기   년   월   일

할렐루야 하늘에서 여호와를 찬양하며 높은 데서 그를 찬양할지어다 (시 148:1)

 하루 일과 메모

예수님과 동행하는 매일 일기   년   월   일

춤 추며 그의 이름을 찬양하며 소고와 수금으로 그를 찬양할지어다 (시 149:3)

하루 일과 메모

예수님과 동행하는 매일 일기   년   월   일

호흡이 있는 자마다 여호와를 찬양할지어다 할렐루야 (시 150:6)

 하루 일과 메모